www.ingramcontent.com/pod-product-compliance
Lightning Source LLC
Chambersburg PA
CBHW041352050726
47599CB00016B/1864

دار تنوين للنشر والتوزيع

القراءة
المستوى الثاني

تأليف :
سهير فخري طمليه

فهرس المحتويات

يَوْمُ النَّظَافَة

اسْتَقْبَلَ الْمُعَلِّمُ تَلاميذَهُ بِابْتِسامَةٍ عَريضَةٍ، وَقالْ: الْيَوْمُ هُوَ يَوْمُ النَّظافَةِ، لِنَتَعاوَنْ في تَنْظيفِ صَفِّنا.

- رائِدٌ: أَنا أَجْمَعُ الْوَرَقَ.

- خالِدٌ: أَنا أَمْسَحُ اللَّوْحَ.

- عامِرٌ: أَنا أُرَتِّبُ رُفوفَ الْكُتُبِ.

- الْمُعَلِّمُ: وَأَنْتُمْ يا أَحِبَّتي كُلٌّ يُنَظِّفُ مَقْعَدَهُ، شَكَرَنا الْمُعَلِّمُ وَقالَ: ما أَجْمَلَ النَّظافَةَ!

السؤال الأول   أسْئِلَةُ الْفَهْمِ والاسْتيعابِ:-

أُجيبُ عَنِ الْأَسْئِلَةِ الْآتِيَةِ إِجابةً كامِلَةً:

1- ما عُنْوانُ دَرْسِنا؟ ....

2- لَقَدْ بادَرَ بَعْضُ الطُّلّابِ بِأَداءِ بَعْضِ المَهامِ، اكْتُبْها:

● رائِدٌ : ....

● خالِدٌ : ....

● عامِرٌ : ....

3- كَيْفَ عَبَّرَ الْمُعَلِّمِ عَنِ اِمْتِنانِهِ لَنا، وَماذا قالْ؟

....

السؤال الثّاني   أَسْئِلَةُ النِّقاشِ والتَّعبيرِ الشَّفَوِيّ:-

1- هَلْ تَتَعاوَنْ في تَنْظيفِ صَفِّكَ يَوْمِيًّا؟ كَيْفَ؟

2- هَلْ ترى أَنَّ سُلوكَ الاهتِمامِ في نَظافَةِ الصَّفِّ صَحيحٌ؟ وَلِماذا؟

3- هَلْ تَتَعاوَنُ مَعَ أُسْرَتِكَ في تَنْظيفِ الْبَيْتِ؟ هَلْ غُرْفَتُكَ نَظيفَةٌ وَمُرَتَّبَةٌ دائِمًا؟

السؤال الثّالث   أَسْتَخْرِجُ مِنْ نَصّ الْقِراءةِ:-

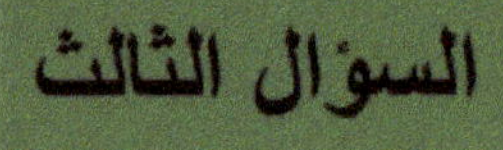

1- جُمْلَةً تُفيدُ التَّعَجُّبَ: ....

2- كَلِمَةً فيها (أَلْ) الشَّمْسِيَّةِ: ....

3- كَلِمَةً فيها (أَلْ) الْقَمَرِيَّةِ: ....

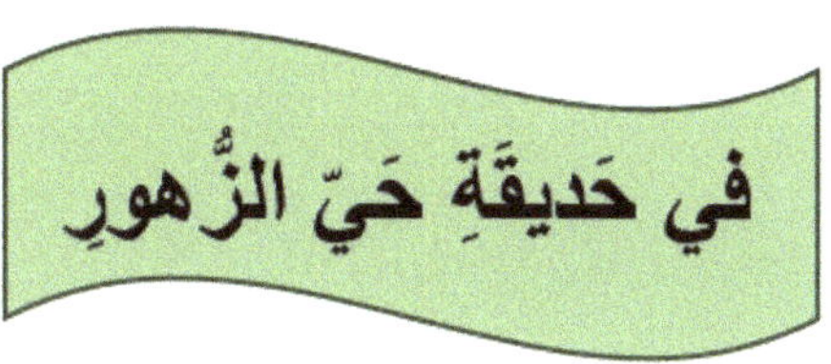

اجْتَمَعَ أَبْناءُ حَيَّ الزُّهورِ في حَديقَةِ الْحَيّ.

أَحْضَرَ أَحْمَدُ طَيّارَةً وَرَقِيَّةً.

وَأَحْضَرَ فِراسٌ كُرَةَ قَدَمٍ.

وَأَحْضَرَ كَريمٌ سَيّارَةً اِلِكْتُرونِيَّةً.

أَمّا فادي، فَأَحْضَرَ مَعَهُ الصَّحْنَ الطّائِرَ.

سَأَلَ رامي: كَيْفَ نَلْعَبُ بِكَلّ هَذِهِ الأَلْعابِ؟

قالَ أَحْمَدُ: نَتَشارَكُ بِها.

لَعِبَ الأَصْدِقاءُ وَاِسْتَمْتَعوا كَثيراً، وَبَعْدَ اللَّعِبِ تَناوَلوا الْحَلْوى، وَجَمَعوا النّفاياتِ في كيسٍ، وَقَبْلَ أَنْ يَحِلَّ الظَّلامُ، عادوا إِلَى الْبَيْتِ سَعيدين.

أَسْئِلَةُ الْفَهْمِ وَ الْاسْتِيعابِ: -

أُجِيبُ عَنِ الْأَسْئِلَةِ الْآتِيَةِ إِجابَةً كامِلَةً:

1- ما اسْمُ الْحَيِّ الَّذِي فِيهِ الْحَدِيقَةُ؟

....

2- ما هِيَ الْأَلْعابُ الَّتِي أَخَذَها كُلُّ واحِدٍ مِنْهُمْ؟

....

3- كَيْفَ لَعِبوا؟.......................................

4- هَلِ اهْتَمّوا بِتَنْظِيفِ مَكانٍ لَعِبِهِمْ؟ ....

5- مَتى رَجِعوا إِلى مَنازِلِهِمْ؟.......................

السؤال الثاني   أَسْئِلَةُ النِّقاشِ وَالتَّعْبِيرِ الشَّفَوِيّ:

1- هَلْ يوجَدُ حَدِيقَةٌ فِي حَيِّكُمْ؟

2- هَلْ تَذْهَبُ وَتَلْعَبُ بِها مَعَ أَصْدِقائِكَ؟

3- هَلْ تُحافِظُ عَلَى الْحَدِيقَةِ الْعامَّةِ وَتَهْتَمُّ بِتَنْظِيفِ الْمَكانِ بَعْدَ اللَّعِبِ؟

السؤال الثالث   أَسْتَخْرِجُ مِنْ نَصّ الْقِراءةِ:-

1- كَلِمَةً تُفِيدُ الْجَمْعَ: ....

2- أَداةَ اسْتِفْهامٍ: ....   وَعَلامَةَ اسْتِفْهامٍ: ....

3- حَرْفَ جَرّ: ....

4- كَلِمَةً فِيها هَمْزَةٌ مُتَوَسِّطَةٌ: ....

رِحْلَةٌ عائِلِيَّةٌ

ذَهَبْتُ أَنا وَعائِلَتي في رِحْلَةٍ إلى الْجِبالِ، كانَ الطَّقْسُ رائِعًا وَالسَّماءُ صافِيَةً، وَالْمَناظِرُ الطَّبيعِيَّةُ خَلّابَةً، وَالأَشْجارُ مُزْهِرَةً، وَالْعَصافيرُ تُزَقْزِقُ وَمِياهُ النَّهْرِ مُنْعِشَةٌ. جَمَعَ أَخي خالِدٌ الْحَطَبَ، وَعَلى وَجْهِهِ عَلاماتُ السَّعادَةِ. وَبَدَأَ أَبي بِتَحْضيرِ الْمَوْقِدِ لِكَيْ يَشْوِيَ اللَّحْمَ. وَأُمّي بَدَأَتْ بِتَحْضيرِ السَّلَطَةِ. أَمّا أَنا وَأُخْتي سَلْمى سارَعْنا بِتَسَلُّقِ الأَشْجارِ. هَذا هُوَ رَبيعُ بَلَدي، ما أَجْمَلَ الرَّبيعَ في بَلَدي!

1- مَا عُنْوَانُ دَرْسِنا؟ ....

2- إلى أَيْنَ ذَهَبَتِ الْعائِلَةُ في هَذِهِ الرّحْلَةِ؟ ....

3- صِفِ الطَّقْسَ في يَوْمِ رِحْلَةِ الْعائِلَةِ؟

....

4- تَعاوَنَتِ الأُسْرَةُ أَثْناءَ الرّحْلَةِ؟ كَيْفَ؟

....

1- هَلْ تُحِبُّ فَصْلَ الرَّبيعِ ؟

2- هَلْ تَذْهَبُ في رِحَلٍ عائِلِيّةٍ؟

3- هَلْ تُساعِدُ أُسْرَتَكَ في بَعْضِ الأَعْمالِ أَثْناءَ الرّحْلَةِ؟

4- أيُّ الأَماكِنِ تُفَضّلُ أَنْ تَذْهَبَ إِلَيْها في الرّحْلَةِ؟

5- اذْكُرِ الفُصولَ الأَرْبَعَةَ، ما الأَنْشِطَةُ الّتي تُمارِسُها في كُلّ فَصْلٍ مِنْها؟

1- كَلِمَةً تَنْتَهي بِـ (اء) .... كَلِمَةً تَنْتَهي بِـ (ـة، ة): ....

2- كَلِمَةً تَنْتَهي بِـ (ـه، ه): ....   حَرْفَ جَرّ: ....

3- كَلِمَةً فيها حَرْفُ الأَلِفِ يُلْفَظُ وَلَا يُكْتَبُ: ....

4- جُمْلَةً تُفيدُ التَّعَجُّبَ: ....

في مَصْنَعِ الْوَرَقِ

أَخَذَ الْمُعَلِّمُ تَلامِيذَهُ زِيارَةً إلى مَصْنَعِ الْوَرَقِ. أَمامَ الْمَصْنَعِ شَجَرَةُ سَرْوٍ ضَخْمَةٌ. تَوَقَّفَ الْباصُ أَمامَ الْمَصْنَعِ، واصْطَفَفْنا بِنِظامٍ، ثُمَّ دَخَلْنا الْمَصْنَعَ بِهُدوءٍ، شاهَدْنا الْماكِناتِ الضَّخْمَةِ، وَشاهَدْنا الْعُمّالَ يَحْمِلونَ الْوَرَقَ، لِكَيْ تُطْبَعَ عَلَيْهِ أَجْمَلُ الْقِصَصِ، وَالنِّظامُ وَالنَّظافَةُ يَسودانِ الْمَكانَ.

قالَ مازِنٌ: الْمَصْنَعُ نَظيفٌ وَمُنَظَّمٌ، شَكَرَ الطُّلابُ الْمُعَلِّمَ عَلى هَذِهِ الرِّحْلَةِ الْمُفيدَةِ.

 أَسْئِلَةُ الْفَهْمِ وَالاسْتِيعابِ:-

أُجِيبُ عَنِ الْأَسْئِلَةِ الآتِيَةِ إِجابَةً كامِلَةً:

1- ما عُنْوانُ دَرْسِنا؟ ....

2- إلى أَيْنَ كانَتِ الرِّحْلَةُ التَّعْلِيمِيَّةُ؟ ....

3- ما وَسِيلَةُ النَّقْلِ الَّتِي اسْتَخْدَمَها الطُّلابُ في الذَّهابِ إلى الْمَصْنَعِ؟

....

4- صِفْ ماذا شاهَدَ الطُّلابُ في الْمَصْنَعِ؟

....

5- كَيْفَ عَبَّرَ الطُّلابُ عَنِ امْتِنانِهِمْ لِمُعَلِّمِهِمْ على هَذِهِ الرِّحْلَةِ؟

....

السؤال الثاني أَسْئِلَةُ النِّقاشِ وَالتَّعْبِيرِ الشَّفَوِيّ:

1- هَلْ سَبَقَ أَنْ ذَهَبْتَ مَعَ مَدْرَسَتِكَ في رِحْلَةٍ تَعْلِيمِيَّةٍ؟ إلى أَيْنَ؟

2- هَلْ تُحِبُّ هَذا النَّوْعَ مِنَ الرِّحْلاتِ؟

3- هَلْ تَسْتَفِيدُ مِنْ هَذِهِ الرِّحْلاتِ؟

السؤال الثالث أَسْتَخْرِجُ مِنْ نَصِّ الْقِراءةِ:

1- كَلِمَةً تُفِيدُ الْجَمْعَ: ....   كَلِمَةً تَدُلُّ عَلَى مُؤَنَّثٍ: ....

2- كَلِمَةً تَدُلُّ عَلَى مُذَكَّرٍ: ....   حَرْفَ جَرٍّ: ....

رُوتِينُ رَامِي الصَّبَاحِيّ

اسْتَيْقَظَ رامي مِنَ النَّوْمِ في الصَّباحِ، غَسَلَ وَجْهَهُ وَأسْنانَهُ، وَلَبِسَ مَلابِسَ الْمَدْرَسَةِ، سَلَّمَ عَلى أُمِّهِ وَقالَ: صَباحُ الْخَيْرِ يا أُمِّي.

رَدَّتِ الْأُمُّ: صَباحُ الْخَيْرِ يا حَبيبي.

لَقَدْ أَعْدَدْتُ لَكَ وَجْبَةَ الْفَطورِ.

قالَ رامي: خُبْزٌ ساخِنٌ وَبَيْضٌ وَمُرَبَّى وَعَصيرُ تُفّاحٍ، ما أَعْظَمَ عَطاءَ رَبّي!

تَناوَلَ رامي وَجْبَةَ الْفَطورِ، وَشَكَرَ أُمَّهُ، وَحَمِدَ اللهَ، ثُمَّ حَمَلَ حَقيبَتَهُ وَرَكِبَ الْحافِلَةَ وَذَهَبَ إلى مَدْرَسَتِهِ سَعيدًا.

 أَسْئِلَةُ الْفَهْمِ وَالاسْتيعابِ:-

1- ما هُوَ الرّوتينُ الصّباحِيُّ الَّذي يَقومُ بِهِ رامي كُلَّ يَوْمٍ؟

....

2- ما هِيَ أَنْواعُ الطَّعامِ الُتي كانَتْ في فَطورِ رامي؟

....

3- كَيْفَ يَذْهَبُ رامي إلى مَدْرَسَتِهِ؟

....

4- عِنْدَ رامي سُلوكِيّاتٍ جَميلَةٍ، اذْكُرْها؟

....

 أَسْئِلَةُ النّقاشِ وَالتَّعْبيرِ الشَّفَويِّ:

1- ما هُوَ روتينُكَ الصّباحِيُّ؟

2- ما هِيَ وَسيلَةُ الْمُواصَلاتِ الُتي تَسْتَخْدِمُها عِنْدَ الذّهابِ لِلْمَدْرَسَةِ؟

3- هَلْ تَتَناوَلُ وَجْبَةَ الْفَطورِ يَوْمِيًّا قَبْلَ الذّهابِ لِلْمَدْرَسَةِ؟

4- كَمْ وَجْبَةً تَتَناوَلُ في الْيَوْمِ الْواحِدْ؟ وَما هُوَ طَعامُكَ الْمُفَضَّلُ في كُلّ وَجْبَةٍ؟

5- هَلْ تَشْكُرُ والِدَتَكَ وَتَحْمَدُ اللهَ يَوْمِيًّا؟

 أَسْتَخْرِجُ مِنْ نَصّ الْقِراءةِ:-

1- كَلِمَةً تُفيدُ الْجَمْعَ: .... حَرْفَ جَرٍّ: ....

2- جُمْلَةً تُفيدُ التَّعَجُّبَ: ....

3- كَلِمَةً تَنْتَهي بِـ (ي) .... كَلِمَةً تَنْتَهي بِـ (ى) ....

4- كَلِمَةً تَنْتَهي بِـ (ة) .... كَلِمَةً تَنْتَهي بِـ (ه) ....

ابْتِسامَةٌ

طَلَبَتْ مُعَلِّمَةُ الرَّسْمِ مِنّا أَنْ نَخْتارَ مَنْظَرًا مِنْ مَناظِرِ الطَّبِيعَةِ وَنَرْسُمَهُ.

رَسَمَ أَحْمَدٌ غَزالًا يَرْكُضُ في الْبُسْتانِ وَرَسَمَتْ نُورٌ أَرْنَبًا يَشْرَبُ مِنَ النَّهْرِ؟

نَظَرَتِ الْمُعَلِّمَةُ إِلى رَسْمَةِ مايا وَقالَتْ:

ماذا رَسَمْتِ يا مايا؟

قالَتْ مايا: رَسَمْتُ شَجَرَةً وَعُصْفورًا.

قالَتِ الْمُعَلِّمَةُ: أَيْنَ الْعُصْفورُ يا مايا؟

أَجابَتْ مايا: طارَ إِلى السَّماءِ يا مُعَلِّمَتي.

ضَحِكَتِ الْمُعَلِّمَةُ وَضَحِكَ الطُّلابُ.

قالَتِ الْمُعَلِّمَةُ: أَنْتُمْ رَسّامونَ بارِعونَ.

1- ماذا طَلَبَتِ الْمُعَلِّمَةُ مِنْ تَلاميذِها؟.............

2- ماذَا رَسَمَ كُلٌّ مِنْهُمْ:

- رَسَمَ أَحْمَدُ:.............

- رَسَمَتْ نُورٌ:.............

- رَسَمَتْ مايا:.............

3- لِماذا ضَحِكَ الأوْلادُ؟ ....

4- هَلِ أَحَبَّتِ الْمُعَلِّمَةُ الرُّسومَاتِ؟ كَيْفَ عَرَفْتَ ذَلِكَ؟
....

5- هَلْ تُحِبُّ الرَّسْمَ؟ ماذا تُحِبُّ أَنْ تَرسُمَ؟
....

6- هَلْ تُحِبُّ أَنْ تَقومَ الْمُعَلِّمَةُ بِمُسابَقَةِ رَسْمٍ بَيْنَ الطُّلّابِ؟
....

1- كَلِمَةً تُفيدُ الْجَمْعَ: .... كَلِمَةً تُفيدُ الْجَمْعَ انْتَهَتْ بـ (ون): ....

2- حَرْفَ جَرٍّ: .... كَلِمَةً تَنْتَهي بـ (ء): ....

3- قامَ الأطْفالُ في هَذا الدَّرس بِالرَّسْمِ، الشَّخْصُ الَّذي يَقومُ بِعَمَلٍ ما يُسَمَّى الْفاعِلُ، اكْتُبْ أَسْماءَ الأطْفالِ الَّذينَ قاموا بِفِعْلِ الرَّسْمِ في هَذا الدَّرْسِ.

.... ، .... ، ....

في مَزْرَعَةِ خالي

في يَوْمٍ مِنْ أَيّامِ السَّنَةِ، كانَ الْفَصْلُ صَيْفًا، ذَهَبَ سَميرٌ لِزِيارَةِ مَزْرَعَةِ خالِهِ نِزارُ. وَفي ظُهْرِ الْيَوْمِ، وَقَفَ سَميرٌ أَمامَ أَشْجارٍ كَثيرَةٍ وَمُتَنَوِّعَةٍ، أَشْجارُ الْمِشْمِشِ وَالْكَرَزِ وَالزَّيْتونِ، أَمّا شَجَرَةُ التّينِ فَكانَتْ ضَخْمَةً وَتَتَوَسَّطُ الأَشْجارَ.

سَأَلَ سَميرٌ: هَلْ تَسْقُطُ أَوْراقَ هَذِهِ الأَشْجارِ في فَصْلِ الْخَريفِ يا خالي؟

الْخالُ: نَعَمْ يا سميرُ، إِلّا شَجَرَةَ الزَّيْتونِ، فَأَوْراقُها تَبْقى خَضْراءَ وَلا تَتَساقَطُ أَبَدًا.

سَميرٌ: هَلْ تَسْقيها كُلَّ يَوْمٍ؟

الْخالُ: نَعَمْ أَسْقيها كُلَّ يَوْمٍ، إِلّا شَجَرَةَ الزَّيْتونِ فَإِنَّها تَكْتَفِي بِماءِ الْمَطَرِ.

سَميرٌ: سُبْحانَ اللهِ، خالِقُ الشَّجَرِ وَالْمَطَرِ.

الْخالُ: هَيّا نَتَعاوَنُ في قَطْفِ بَعْضِ الثِّمارِ الطّازَجَةِ.

 أَسْئِلَةُ الْفَهْمِ وَالاسْتِيعابِ:-

أُجِيبُ عَنِ الأَسْئِلَةِ الآتِيَةِ إِجابَةً كامِلَةً:

1- إلى أَيْنَ ذَهَبَ سَمِيرٌ؟ ....

2- ما اسْمُ خالِ سَمِيرٍ؟ ....

3- وَقَفَ سَمِيرٌ فِي وَقْتِ .... أَمامَ أَشْجارٍ ....

و .... و .... و ....

4- مَا الْمَعْلوماتِ الَّتِي تَعَلَّمْتَها فِي هَذا الدَّرْسِ عَنْ شَجَرَةِ الزَّيْتونِ؟

....

5- هَلْ تُحِبُّ تَناوُلَ الْفاكِهَةِ الطَّازَجَةِ؟ وَلِماذا؟

....

 أَسْتَخْرِجُ مِنْ نَصِّ الْقِراءةِ:-

1- ظَرْفَ مَكانٍ: .... ظَرْفَ زَمانٍ: ....

2- جُمْلَةً اسْمِيَّةً دَخَلَتْ عَلَيْها كَلِمَةُ كانَ:

....

نَشاطٌ:

مَا رَأْيُكَ بِزِراعَةِ بَعْضِ الْحُبوبِ حَتَّى تَحْصُلَ عَلى نَبْتَةٍ تَعْتَني بِها وَتَرْعاها.

الْاِمْتِحانُ النِّهائِيُّ

قالَتِ الْأُمُّ لِابْنِها شادي: يا بُنَيَّ، اقْتَرَبَتِ الْاِمْتِحاناتُ، لا تَقْضِ وَقْتَكَ في اللَّعِبِ، وَخَاصَّةً عَلى هَذِهِ الْأَلْعابِ الْأِلِكْترونِيَّةِ الضَّارَّةِ، يَجِبُ عَلَيْكَ أَنْ تَبْدَأَ بِالدِّراسَةِ. لَكِنَّ شادي لَمْ يَسْتَطِعْ تَرْكَ الْأَلْعابِ، وكُلَّما تَرَكَها، كَأَنَّها تُناديهِ مُجَدَّدًا لِمُعاوَدَةِ اللَّعِبِ، وَجاءَ يَوْمُ الْاِمْتِحانِ وَلَمْ يَدْرُسْ لَهُ بِشَكْلٍ جَيِّدٍ، وَشَعَرَ بِالْخَطَأِ الَّذي ارْتَكَبَهُ وَكَيْفَ أَنَّهُ أَضاعَ وَقْتَهُ الثَّمينَ الَّذي أَعْطاهُ إِيّاهُ اللهُ سُبْحانَهُ وَتعالى، في اللَّعِبِ عَلى تِلْكَ الْأَجْهِزَةِ الْأِلِكْترونِيَّةِ الَّتي تَضُرُّ وَلا تَنْفَعُ، وَوَعَدَ نَفْسَهُ أَوَّلًا ثُمَّ والِدَتَهُ بِاسْتِثْمارِ وَقْتِهِ في فِعْلِ الْأَشْياءِ الْمُفيدَةِ فَقَطْ.

أُجِيبُ عَنِ الأَسْئِلَةِ الآتِيَةِ إِجابةً كامِلةً:

1- بِماذا كانَ شادي يَقْضِي وَقْتَهُ؟

....

ما هِيَ نَصيحَةُ أُمُ شادي لَهُ؟

....

2- هَلِ اسْتَجابَ شادي لِنَصيحَةِ أُمِّهِ؟

....

3- هَلْ تُحِبُّ الأَلْعابَ الأَلكْترونِيَّةِ؟ ....

4- هَلْ تَلْعَبُ بِها يَوْمِيًّا، كَمْ مِنَ الْوَقْتِ تَقْضِي في لَعِبِها؟

....

5- هَلْ تَسْتَطِيعُ أَنْ تَعِدَ نَفْسَكَ بِأَنْ تُقَلِّلَ مِنَ اللَّعِبِ بِها؟ ....

1- جُمْلَةً تُفيدُ النَّفْي: ....

2- كَلِماتٍ مُشَدَّدَةٍ: ....

3- حَلِّلْ كَلِمَةَ (ثُمَّ) إلى مَقاطِعٍ صَوْتِيَّةٍ: ....

الْقِصَّةُ الأولى

الْأَسَدُ وَالْفَأْرُ

في قَديمِ الزَّمانِ، يُحْكَى أَنَّ فَأْرًا صَغيرًا كانَ يَلْعَبُ بِالْقُرْبِ مِنَ الْأَسَدِ (مَلِكُ الْغابَةِ)، انْزَعَجَ الْأَسَدُ وَاسْتَيْقَظَ، ثُمَّ أَمْسَكَ بِالْفَأْرِ وَأَرادَ أَنْ يَأْكُلَهُ، بَدَأَ الْفَأْرُ الصَّغيرُ بِالْبُكاءِ وَقالَ لَهُ: لا تَأْكُلْني فَرُبَّما تَحْتاجُني في وَقْتٍ ما، ضَحِكَ الْأَسَدُ مِنَ الْفَأْرِ بِاسْتِهْزاءٍ، كَيْفَ لِفَأْرٍ صَغيرٍ أَنْ يُساعِدَ الْأَسَدَ الْعَظيمَ؟ وَلَكِنَّهُ أَطْلَقَ سَراحَهُ. قالَ الْفَأْرُ في نَفْسِهِ: ما أَقْوى هَذا الْأَسَدَ! لَنْ أَقْتَرِبَ مِنْهُ مُجَدَّدًا.

وَبَعْدَ أَيّامٍ، أَلْقى الصَّيّادُ شَبَكَتَهُ عَلى الْأَسَدِ وَهُوَ نائِمٌ، بَدَأَ الْأَسَدُ بِالزَّئيرِ وَبَدَأَ يُنادي: هَلْ مِنْ أَحَدٍ يُساعِدُني؟

فَسَمِعَهُ الْفَأْرُ الصَّغيرُ، وَأَرادَ رَدَّ الْمَعْروفِ لِلْأَسَدِ، وَلَكِنْ هَلْ يَسْتَطيعُ؟

تَسَلَّقَ الْفَأْرُ الشَّباكَ وَبَدَأَ يُمَزِّقُها بِأَسْنانِهِ الْحادَّةِ، وَأَنْقَذَ الْأَسَدَ، وَمُنْذُ ذَلِكَ الْحَيْنِ وَالْأَسَدُ صَديقُ الْفَأْرِ.

السؤال الأول   **أَسْئِلَةُ الْفَهْمِ وَالاسْتيعاب:-**

1- أَخْبِرْنا بِهَذِهِ الْقِصَّةِ أَمامَ الصَّفّ بِسَرْدِكَ الْخاصّ.

2- ما الْحِكْمَةُ مِنْ هَذِهِ الْقِصَّةِ؟

....

السؤال الثّاني   **أَسْتَخْرِجُ مِنْ نَصّ الْقِراءةِ:-**

1- كَلِمَةً فيها (أَلْ) الشَّمْسِيَّةِ: ....

2- كَلِمَةً فِيهَا (أَلْ) الْقَمَرِيَّةِ: ....

3- كَلِمَةً تُفيدُ الْجَمْعَ: ....

4- كَلِمَةً تَنْتَهي بِـ (اء): ....

5- كَلِمَةً تَنْتَهي بِـ (ـة، ة): .... كَلِمَةً تَنْتَهي بِـ (ـه، ه): ....

6- حَرْفَ جَرّ: .... كَلِمَةً فيها هَمْزَةٌ مُتَوَسِّطَةٌ: ....

7- كَلِمَةً مُشَدَّدَةً: ....

8- أَداةَ اسْتِفْهامٍ: .... وَعَلامَةَ اسْتِفْهامٍ: ....

9- كَلِمَةً فيها حَرْفُ الأَلِفِ يُلْفَظُ وَلا يُكْتَبُ: ....

10- جُمْلَةً تُفيدُ التَّعَجُّبَ: ....

11- جُمْلَةً تَبْدَأُ بِـ (لَنْ) وَيَتْبَعُها فِعْلٌ مُضارِعٌ: ....

في قَديمِ الزَّمانِ يُحْكى أَنَّ أَرْنَبًا مَغْرورًا كانَ يَتَباهى بِسُرْعَتِهِ وَقَفْزِهِ الْعالي، وَفي أَحَدِ الْأَيامِ شاهَدَ سُلَحْفاةً تَمْشي بِبُطْئٍ فَسَخِرَ مِنْها.

قالَتِ السُّلَحْفاةُ: في التَّأَنّي السَّلامَةُ وَفي الْعَجَلَةِ النَّدامَةُ.

اغْتاظَ الْأَرْنَبُ وَعَرَضَ عَلَيْها أَنْ يَتَحدّاهَا في صَباحِ الْيَوْمِ التّالي، في سِباقٍ حَتَّى الشَّجَرَةِ الْكَبيرَةِ في أَعْلى الْغابَةِ.

فَكَّرَتِ السُّلَحْفاةُ، الْأَرْنَبُ سَريعٌ جِدًّا وَلَكِنْ لَنْ أَسْتَسْلِمَ، فَقَبِلَتْ بِالتَّحَدّي، ثُمَّ انْطَلَقَ الْأَرْنَبُ مُسْرِعًا بَيْنَ أَشْجارِ الْغابَةِ، نَظَرَت إِلَيْهِ السُّلَحْفاةُ وَقالَتْ: ما أَسْرَعَ الْأَرْنَبَ! كَيْفَ لي أَنْ أَفوزَ عَلَيْهِ؟ وَمَعَ ذَلِكَ، ظَلَّتْ تَمْشي بِخَطَواتٍ بَطيئةٍ، بِشُعورٍ عالٍ بِالتَّحَدّي، وَفي وَسَطِ الطَّريقِ لاحَظَ الْأَرْنَبُ أَنَّ السُّلَحْفاةَ بَعيدَةٌ، فَقَرَّرَ أَنْ يَسْتَريحَ تَحْتَ ظِلِّ شَجَرَةٍ، وَغَطَّ في نَوْمٍ عَميقٍ، فَسَبَقَتْهُ السُّلَحْفاةُ وَوَصَلَتْ إِلى خَطِّ النِّهايَةِ، وَفازَتْ عَلَيْهِ في السِّباقِ بِفَضْلِ مُثابَرَتِها وَعَدَمِ اسْتِسْلامِها.

 أَسْئِلَةُ الْفَهْمِ وَالاسْتيعابِ:-

1- أَخْبِرْنا بِهَذِهِ الْقِصَّةِ أَمامَ الصَّفِّ بِسَرْدِكَ الْخاصِّ.

2- ما الْحِكْمَةُ مِنْ هَذِهِ الْقِصَّةِ؟

....

 أَسْتَخْرِجُ مِنْ نَصِّ الْقِرَاءةِ:-

1- كَلِمَةً فيها (أَلْ) الشَّمْسِيَّة: .... كَلِمَةً فيها (أَلْ) الْقَمَرِيَّة: ....

2- كَلِمَةً تُفيدُ الْجَمْعَ: .... كَلِمَةً تَنْتَهي بـ (ءْ): ....

3- كَلِمَةً تَنْتَهي بـ (ـة، ة): .... كَلِمَةً تَنْتَهي بـ (ـه، ه): ....

4- حَرْفَ جَرٍّ: .... كَلِمَةً مُشَدَّدَةً: ....

5- كَلِمَةً فيها هَمْزَةٌ في بِدايَةِ الْكَلِمَةِ: ....

6- أَداةَ اسْتِفْهامٍ: .... وَعَلامَةَ اسْتِفْهامٍ: ....

7- كَلِمَةً فيها حَرْفُ الْأَلِفِ يُلْفَظُ وَلا يُكْتَبُ: ....

8- جُمْلَةً تُفيدُ التَّعَجُّبَ: ....

9- جُمْلَةً تَبْدَأُ بـ (لَنْ) وَيَتْبَعُها فِعْلٌ مُضارِعٌ: ....

10- كَلِمَةً تَنْتَهي بـ (ي) .... كَلِمَةً تَنْتَهي بـ (ى) ....

11- ظَرْفَ مَكانٍ: .... ظَرْفَ زَمانٍ: ....

....

....

....

....

....

....

....

....

....

....

....

....